AF503555

LA
LÉGISLATION ANGLAISE

SUR LA

VENTE DES MEUBLES

LOI DE CODIFICATION DU 20 FÉVRIER 1894

(Sale of Goods Act, 1893)

NOTICE ET TRADUCTION

PAR MM.

Henri LÉVY-ULLMANN
Docteur en droit
Avocat à la Cour d'appel

Edward G. BARCLAY
Licencié en droit

Extrait de l'*Annuaire de Législation étrangère*, publié par la Société
de Législation comparée.

PARIS.

LIBRAIRIE COTILLON.

F. PICHON Sʳ, IMPRIMEUR-ÉDITEUR, LIBRAIRE DU CONSEIL D'ÉTAT
ET DE LA SOCIÉTÉ DE LÉGISLATION COMPARÉE
24, rue Soufflot, 24

1896

NOTA

Les dispositions les moins saillantes de la loi ont été, conformément à l'usage adopté par les collaborateurs de l'*Annuaire*, simplement analysées entre crochets [ ].

LOI DU 20 FÉVRIER 1894

CODIFIANT LA LÉGISLATION
RELATIVE A LA VENTE DES MEUBLES [1]

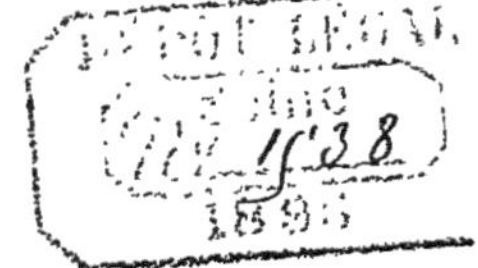

Notice et traduction par MM. Henri LÉVY-ULLMANN, *docteur en droit, avocat à la Cour d'appel de Paris*, et Edward G. BARCLAY, *licencié en droit.*

La nouvelle loi anglaise sur la vente des meubles présente, au double point de vue de la matière qu'elle réglemente et de son caractère propre, une importance doctrinale et pratique qui ne saurait échapper à personne. Alors que la vente immobilière reste soumise aux principes toujours flottants du *common law*, la vente mobilière vient d'être dotée d'un véritable code.

Vente des meubles (*sale of goods*) : il est indispensable, semble-t-il, de posséder le sens et la portée exacts de cette expression. Le législateur anglais n'a eu garde de manquer à la faire connaître. Dans une sorte de lexique placé en supplément de la loi au milieu d'autres dispositions accessoires et où se trouve la définition légale des principaux termes employés dans l'*Act* (2), le mot *goods* qui désigne, en général, dans le langage courant, toutes espèces de biens, les immeubles comme les meubles, apparaît avec un sens très spécial et restreint. Il désigne ici, non pas seulement les meubles à l'exclusion des immeubles, mais uniquement une certaine catégorie de biens meubles, savoir : en Angleterre, ceux qui ne consistent pas en « actions » (*things in action*) ou en espèces sonnantes (*money*) et, en Ecosse, tous biens mobiliers corporels autres que l'argent comptant. Le terme *goods* comprend encore les *fructus industriales* (*emblements, industrial growing crops*) et, en général, toutes choses appartenant au sol ou en formant partie intégrante, mais susceptibles d'être vendues séparément du fonds : tels, les fruits et récoltes pendant par branches et racines. On voit ainsi qu'il est une notable catégorie de biens meubles, les meubles *incorporels* qui, exclus par le législateur, échappent aux prévisions de la présente loi. Malgré cette

---

(1) *An Act for codifying the Law relating to the Sale of Goods*, 56 et 57 Vict., ch. 71. — Promulguée le 20 février 1894. — Désignée sous le titre courant de *Sale of Goods Act*, 1893 (v. art. 64 de la loi).

(2) V. art. 62 de la loi.

importante restriction, l'*Act* de 1893 n'en demeure pas moins un document législatif d'un intérêt considérable au regard du droit civil pur et surtout au regard de la législation commerciale.

Intéressante à étudier dans l'objet de ses prescriptions, la loi sur la vente des meubles l'est peut-être plus encore à envisager dans son caractère propre, car c'est une loi de *codification*. Grouper dans un même texte, classées sous des rubriques spéciales, les principales règles du *common law* antérieurement éparses dans d'innombrables décisions judiciaires (*cases*) et plus ou moins resumées dans des ouvrages doctrinaux, telle est la raison d'être de cette loi. La rédaction en est due à l'initiative privée. Comme plusieurs autres des grandes lois votées par le Parlement britannique au cours de ces dernières années, c'est l'œuvre de l'un des plus illustres jurisconsultes du Royaume-Uni, notre éminent collègue M. M.-D. Chalmers, juge de comté à Birmingham. M. Chalmers entreprit, en 1888, de condenser en une série de propositions, disposées sons forme d'articles de loi, la législation coutumière sur la vente des meubles. La rédaction définitive de ce travail fut arrêtée par son auteur dans une consultation avec lord Herschell, qui le présenta en 1889 à la Chambre des lords. Le *bill* fut présenté à nouveau devant la même assemblée en 1891 et, après maintes discussions, critiques, maints amendements, y fut adopté en 1893. Aux Communes, il fit, avant le mois d'octobre de la même année, l'objet de deux lectures successives. Une troisième lecture fut réclamée par deux membres de cette Chambre, et si tardivement que la loi ne put être promulguée avant le 20 février 1894. L'*Act* n'en fut pas moins rangé parmi les *Acts* de 1893 et déclaré exécutoire à partir du 1ᵉʳ janvier 1894 (c'est-à-dire avec une sorte d'effet rétroactif) (1). L'histoire détaillée du projet, dans laquelle il nous est impossible d'entrer ici, fournit un exemple frappant des difficultés que rencontre tout essai de codification dans un pays où le droit coutumier fait l'objet, chez beaucoup d'hommes de loi, d'une sorte de religion (2).

La loi sur la vente des meubles étant ainsi avant tout une loi de codification a donc eu pour but principal, non pas d'introduire de notables modifications à la législation antérieure, mais, au contraire, de reproduire le plus fidèlement possible les règles du *common law*. Toutefois certains changements ont été apportés à la législation de l'Ecosse; dans ce dernier pays, le droit a subi dans la suite des temps une transformation moins originale qu'en Angleterre et se rapproche encore beaucoup du droit romain : sur différents points, les règles anglaises sont étendues à l'Ecosse par la nouvelle loi. L'assimilation entre les deux pays est loin d'être aussi complète que le désirait le rédacteur de la loi :

(1) V. art. 63 de la loi.
(2) V. sur la rédaction de la loi et sur la codification du *common law* en Angleterre l'*Introduction* de l'ouvrage de M. Chalmers cité *infra*, page 3, note 2, et, du même auteur, une *Note sur les récents progrès de la codification en Angleterre*, traduite par M. Henri Lévy-Ullmann, dans le *Bulletin de la Société de législation comparée*, année 1895, p. 292 et suiv.

les deux pays conservent encore beaucoup de règles qui leur sont propres, mais l'unification totale sera notablement facilitée au législateur de l'avenir par la disposition matérielle du présent *Act* (1).

La loi est divisée en cinq parties, savoir : — *1re partie : de la formation du contrat* (du contrat de vente en général; des formalités du contrat; du prix; des conditions et garanties; de la vente sur échantillon). — *2° partie : des effets du contrat* (du transfert de la propriété du vendeur à l'acheteur; du transfert du titre). — *3e partie : de l'exécution du contrat.* — *4° partie : Des droits du vendeur non payé sur les meubles* (du droit de gage du vendeur non payé; de l'arrêt *in transitu ;* de la revente par l'acheteur ou le vendeur). — *5° partie: des actions pour violation du contrat* (des recours du vendeur; des recours de l'acheteur). — La loi contient, en outre, un *Supplément* et, en *Annexe*, un tableau des lois abrogées.

Le droit anglais présente, en matière de vente mobilière, bien des aperçus originaux, bien des dispositions qui pourraient donner lieu à un commentaire doctrinal du plus haut intérêt, et dont la comparaison avec les législations du continent et le droit romain ne laisserait pas d'être utile et féconde. Force nous est de renoncer à tenter même l'esquisse d'un pareil travail, et de nous abstenir d'annoter la loi : les dimensions de cette dernière, qu'il est essentiel d'insérer ici presque dans son entier, nous imposent exclusivement le rôle de traducteurs. Au surplus ne saurions-nous mieux faire que de renvoyer en bloc, pour tous détails, au savant et très complet commentaire par articles que l'éminent rédacteur de la loi lui-même, M. Chalmers, a fait paraître récemment, ouvrage dont on ne saurait méconnaître l'autorité (2).

PREMIÈRE PARTIE

DE LA FORMATION DU CONTRAT

Du contrat de vente.

Art. 1er. — § 1er. Le contrat de vente de meubles est un contrat par lequel le vendeur transfère ou convient de transférer la propriété de meubles à l'acheteur moyennant une somme d'argent (*for a money consideration*) (3) appelée le prix. Un contrat de vente peut intervenir entre copropriétaires indivis.

(1) V. sur ces différents points les références citées aux notes précédentes. — Les mots que nous placerons entre double parenthèse (( )) se rapportent uniquement à l'Ecosse.

(2) Chalmers, *The Sale of Goods Act,* 1893; 2e éd., London, Will. Clowe et Sons, 1893. — V. compte rendu de l'ouvrage par M. Ch. Lyon-Caen dans le *Bulletin de l'Académie des sciences morales et politiques*, décembre 1894, p. 821.

(3) Le mot anglais *consideration* exprime l'idée de *cause* juridique.

§ 2. Le contrat de vente peut être pur et simple ou conditionnel.

§ 3. Lorsque, dans un contrat de vente, la propriété des meubles est transférée du vendeur à l'acheteur, le contrat prend le nom de « vente » (*sale*); mais lorsque le transfert de la propriété des meubles se trouve reculé jusqu'à certain terme ou subordonné à quelque condition, le contrat prend le nom de « convention de « vente » (*agreement to sell*).

§ 4. Une convention de vente devient vente par l'arrivée du terme ou l'événement des conditions auxquelles était subordonné le transfert de la propriété des meubles.

Art. 2. — La capacité d'acheter et de vendre est soumise aux règles générales de la législation concernant la capacité de contracter, de transférer et d'acquérir la propriété.

Si des objets de première nécessité sont vendus et livrés à un enfant ((à un mineur)) ou à un individu qui, pour cause d'incapacité mentale ou d'ivresse, est inhabile à contracter, celui-ci doit payer en contre-échange un prix raisonnable.

Les « objets de première nécessité » visés par le présent article sont tous meubles en rapport avec la condition sociale de l'enfant ((du mineur)) ou de l'individu précités, et appropriés à ses besoins à l'époque de la vente et de la livraison.

Des formalités du contrat.

Art. 3. — [Toute vente peut être passée par écrit (scellé ou non scellé), ou verbalement, ou partie par écrit et partie verbalement, ou peut se déduire de la conduite des parties].

Les dispositions du présent article ne sauraient avoir aucun effet sur la législation relative aux personnes morales.

Art. 4. — § 1. Un contrat de vente portant sur des meubles d'une valeur de dix livres sterling ou au delà ne sera sanctionné par aucune action tant que l'acheteur n'aura pas accepté partie des meubles ainsi vendus et qu'il n'en aura pas actuellement pris possession, ou tant qu'il n'aura pas donné des arrhes, ou payé quelque acompte, ou tant que quelque note ou bordereau relatant le contrat par écrit n'aura pas été dressé et signé par la partie qui s'oblige ou son représentant à cet effet.

§ 2. [Les dispositions du présent article sont applicables à tout contrat de ce genre, nonobstant stipulation d'un terme pour la délivrance des meubles, ou alors même qu'à l'époque de ce contrat les meubles n'auraient pas encore été fabriqués, confectionnés, prêts à être délivrés conformément à la convention].

§ 3. [Il y a acceptation des meubles dans le sens du présent article, au cas où l'acheteur se livrerait, à l'égard des meubles, à tout acte qui supposerait un contrat de vente préexistant].

§ 4. Les dispositions du présent article ne sont pas applicables à l'Écosse.

De l'objet du contrat.

Art. 5. — § 1er. Les meubles qui forment l'objet éventuel d'un contrat de vente peuvent être, soit des meubles existants, appartenant au vendeur ou possédés par lui, soit des meubles à fabriquer ou à acquérir par le vendeur après la conclusion du contrat, dénommés « meubles futurs » dans le présent *Act.*

§ 2. Peuvent faire l'objet d'un contrat de vente, des meubles dont l'acquisition par le vendeur est subordonnée à l'arrivée d'un événement incertain.

§ 3. Lorsque, dans un contrat de vente, le vendeur a l'intention de réaliser une vente actuelle de meubles futurs, le contrat opère comme une convention de vente (*agreement to sell*) portant sur lesdits meubles.

Art. 6. — Au cas de contrat de vente portant sur des meubles déterminés, si les meubles ont déjà péri à l'époque du contrat sans que le vendeur en ait connaissance, le contrat est nul.

Art. 7. — Au cas de convention de vente portant sur des meubles déterminés, si ces meubles, sans la faute du vendeur ou de l'acheteur, viennent à périr par la suite avant que les risques ne passent à l'acheteur, la convention se trouve annulée par cet événement.

Du prix.

Art. 8. — § 1er. Le prix, dans un contrat de vente, peut être fixé, soit par le contrat, soit ultérieurement suivant un mode convenu lors du contrat, ou déterminé par l'usage qui régit les rapports entre les parties.

§ 2. Si le prix n'est pas déterminé comme il précède, l'acheteur doit payer un prix raisonnable. [« Prix raisonnable », question de pur fait dépendant des circonstances de chaque espèce].

Art. 9. — § 1er. Si, aux termes d'une convention de vente portant sur des meubles, la fixation du prix est abandonnée à l'arbitrage d'un tiers, et si le tiers ne fait ou ne peut faire cette estimation, la convention est annulée ; au cas où les meubles ou partie d'entre eux auraient été délivrés à l'acheteur et acceptés par lui, ce dernier devrait payer en retour un prix raisonnable.

§ 2. Si le tiers est empêché de procéder à l'évaluation par la faute du vendeur ou de l'acheteur, la partie qui n'est pas en faute peut agir en dommages-intérêts contre la partie en faute.

Des conditions et garanties.

Art. 10. — § 1ᵉʳ. Sauf clause contraire, les stipulations relatives au terme du paiement ne sont pas présumées essentielles dans le contrat de vente (*of the essence of the contract*). Quant à toute autre stipulation de terme, la question de savoir si elle est ou non de l'essence du contrat dépend des termes employés par les parties.

§ 2. Dans un contrat de vente, le mot « mois » désigne *prima facie* le mois du calendrier.

Art. 11. — § 1ᵉʳ. En Angleterre et en Irlande :

a) Lorsqu'un contrat de vente est soumis à quelque condition à la charge du vendeur, l'acheteur a le droit de ne pas insister sur l'exécution de la condition, ou peut choisir de traiter la violation d'une telle condition (*the breach of such condition*) comme une violation de garantie (*a breach of warranty*), et non comme une cause de résiliation du contrat.

b) La question de savoir si, dans un contrat de vente, telle stipulation constitue une condition (*a condition*), dont la violation peut donner ouverture au droit de traiter le contrat comme résolu, ou une garantie (*a warranty*), dont la violation peut donner ouverture à une action en dommages-intérêts, mais non au droit de refuser les meubles et de traiter le contrat comme résolu, dépend dans chaque espèce de l'interprétation à donner au contrat. Une stipulation peut être une condition, alors même qu'elle serait qualifiée garantie dans le contrat.

c) Lorsqu'un contrat de vente n'est pas susceptible de disjonction et que l'acheteur a accepté les meubles, ou partie d'entre eux, ou lorsque le contrat porte sur des biens déterminés dont la propriété a été transférée à l'acheteur, la violation d'une condition quelconque à la charge du vendeur peut uniquement être traitée comme une violation de garantie, et non comme une cause de refus des meubles et de résolution du contrat, sauf manifestation de volonté contraire expresse ou tacite résultant du contrat.

§ 2. [En Ecosse, il n'est fait aucune distinction entre les « conditions » et les « garanties ». Tout manque du vendeur à l'une de ses obligations constitue une violation du contrat qui confère à l'acheteur le droit d'opter entre la résolution du contrat (dans un délai raisonnable après la délivrance) et l'action en dommages-intérêts.]

§ 3. [Le présent article n'est pas applicable aux conditions et garanties dont l'inacomplissement est excusé par la loi, le bon sens ou toute autre raison.]

Art. 12. — Dans un contrat de vente, sauf circonstances manifestant intention contraire, il y a :

§ 1er. Condition sous-entendue du côté du vendeur que, dans le cas de vente, il a le droit de vendre les meubles et que, dans le cas de convention de vente, il aura le droit de vendre les meubles à l'époque où la propriété devra être transférée ;

§ 2. Garantie sous-entendue que l'acheteur sera investi et jouira de la paisible possession des meubles ;

§ 3. Garantie sous-entendue que les meubles sont libres de toutes charges au profit d'un tiers, autres que celles déclarées à l'acheteur ou connues de lui antérieurement à l'époque de la conclusion du contrat ou à cette époque même.

Art. 13. — [Vente sur description : condition tacite que les meubles correspondront exactement à la description qui en a été faite. — Vente sur description à la fois et sur échantillon : la marchandise doit correspondre exactement à la description et à l'échantillon.]

Art. 14. — Aucune garantie ou condition tacite portant sur la qualité des meubles fournis ou sur leur convenance à telle ou telle destination particulière n'est sous-entendue, sauf dans les cas suivants :

§ 1er. Lorsque l'acheteur fait connaître expressément ou tacitement au vendeur la destination particulière en vue de laquelle les meubles sont achetés, de telle sorte qu'il apparaisse que l'acheteur s'en remet à l'expérience ou au jugement du vendeur, et que les meubles sont du genre de ceux que le vendeur fait profession de fournir (qu'il en soit ou non le fabricant), il y a condition tacite que les meubles pourront raisonnablement se plier à la destination indiquée ; si le contrat de vente porte sur un article spécifié dans un brevet d'invention ou vendu sous toute autre marque de fabrique, il n'y a aucune condition tacite relative à la convenance dudit article à telle ou telle destination particulière.

§ 2. Lorsque des meubles sont vendus sur description par un vendeur qui tient commerce spécial de meubles de ce genre (qu'il en soit ou non le fabricant), il y a condition tacite que les meubles seront de qualité marchande ; si l'acheteur a examiné les meubles, il ne saurait y avoir aucune condition tacite relativement aux défectuosités qu'un tel examen devrait avoir révélées.

§ 3. Une garantie ou condition tacite portant sur la qualité des marchandises ou sur leur aptitude à telle destination particulière peut être ajoutée au contrat par l'usage du commerce.

§ 4. Une garantie ou condition expresse n'annule aucunement une garantie ou condition sous-entendue dans le contrat par le présent *Act*, sauf incomptabilité.

De la vente sur échantillon.

Art. 15. — [Dans la vente sur échantillon, sont sous-entendues les conditions suivantes : 1°, que la marchandise sera de qualité identique à l'échantillon ; 2°, que l'acheteur pourra faire la comparaison dans des conditions raisonnables ; 3°, que les meubles seront exempts de tout vice en altérant la qualité marchande, qu'un raisonnable examen de l'échantillon, n'aurait pu laisser apercevoir].

DEUXIÈME PARTIE.

DES EFFETS DU CONTRAT.

Du transfert de la propriété entre le vendeur et l'acheteur.

Art. 16. — [Dans la vente de meubles indéterminés, nulle propriété n'est transférée à l'acheteur jusqu'à la détermination.]

Art. 17. — § 1er. Au cas de vente portant sur des meubles spécifiés ou déterminés, la propriété n'en est transférée à l'acheteur qu'à l'époque où les parties contractantes ont entendu qu'il devrait en être ainsi.

§ 2. Pour déterminer l'intention des contractants, on prendra en considération les termes du contrat, la conduite des parties, et les circonstances de l'espèce.

Art. 18. — [Règles d'interprétation à suivre pour déterminer l'intention des parties relativement à l'époque du transfert de la propriété :

1°) Vente non conditionnelle de meubles déterminés, en état livrable : transfert au moment même du contrat, quelle que soit l'époque du paiement ou de la délivrance ;

2°) Vente de meubles déterminés, mais sur lesquels certains travaux sont nécessaires pour les mettre en état livrable : le transfert ne s'effectue qu'après l'exécution de ces travaux, et notification à l'acheteur de cette exécution ;

3°) Vente de meubles déterminés, mais nécessité de peser, compter, éprouver, ou, en général, de faire, eu égard aux meubles, certains actes dans le but de déterminer le prix : le transfert ne s'effectue qu'après l'exécution de ces divers actes, et notification de l'exécution à l'acheteur ;

4°) Vente *ad comprobationem* ou avec clause « vente ou retour » (*on sale or return*) : le transfert s'effectue : *a*) par l'approbation ou l'acceptation expresse (signifiée au vendeur) ou tacite de l'acheteur ; *b*) par la détention des meubles, sans signification d'approbation, d'acceptation ni de refus, prolongée au delà du terme fixé pour le refus ou au delà d'un temps raisonnable, etc.]

Art. 19. — § 1er. [Vente de meubles déterminés ou détermination avec réserve au profit du vendeur du droit de disposer des meubles jusqu'à l'accomplissement de certaines conditions : nonobstant toute délivrance, la propriété ne passe à l'acheteur qu'après la réalisation des conditions imposées.]

§ 2. Lorsque des meubles sont expédiés par mer et que le connaissement porte qu'ils sont livrables à l'ordre du vendeur ou de son préposé, le vendeur est *prima facie* présumé s'être réservé le droit de disposer.

§ 3. Lorsque le vendeur de meubles tire sur l'acheteur une traite égale au montant du prix, et transmet conjointement à l'acheteur la lettre de change et le connaissement pour assurer l'acceptation ou le paiement de la lettre, l'acheteur est tenu de retourner le connaissement s'il ne fait pas honneur à la traite, et, s'il détient à tort le connaissement, la propriété des meubles ne lui est pas transférée.

Art. 20. — Sauf convention contraire, les meubles demeurent aux risques du vendeur jusqu'au transfert de la propriété à l'acheteur ; mais lorsque ce transfert s'est effectué, les meubles sont aux risques de l'acheteur indépendamment de toute délivrance.

Si la délivrance a été retardée par la faute soit de l'acheteur, soit du vendeur, les meubles sont aux risques de la partie en faute, mais seulement pour les pertes qui sont la conséquence directe de cette faute.

Les dispositions du présent article ne sauraient avoir effet sur les devoirs ou responsabilités soit du vendeur, soit de l'acheteur dépositaire ((ou gardien)) des meubles pour le compte de l'autre partie.

Du transfert du titre.

Art. 21. — § 1er. Lorsque des meubles sont vendus par un individu qui n'en est pas le propriétaire et qui les vend sans l'autorisation ou le consentement du propriétaire, l'acheteur n'acquiert pas sur les meubles un meilleur titre que celui de son vendeur, sauf si le propriétaire n'a, par sa conduite, mis obstacle à toute dénégation portant sur le droit de vendre du vendeur.

§ 2. [Nulle règle contenue dans le présent *Act* n'aura d'effet :

a) Sur les prescriptions du *Factors Act* ou de toute autre disposition législative autorisant le propriétaire apparent de meubles à en disposer comme s'il en était le véritable propriétaire (1) ;

b) Sur la validité et les effets de tout contrat de vente soumis à un droit coutumier ou écrit spécial, ou à l'ordonnance d'une Cour ayant juridiction compétente.]

Art. 22. — § 1er. Lorsque des meubles sont vendus à plein marché, conformément à l'usage du marché, l'acheteur acquiert un juste titre sur ces meubles, pourvu qu'en les achetant il soit de bonne foi et n'ait connaissance d'aucun vice ou défaut de titre chez le vendeur.

§ 2. Les dispositions du présent article n'auront aucun effet sur la législation relative à la vente des chevaux.

§ 3. Les dispositions du présent article ne sont pas applicables à l'Ecosse.

Art. 23. — Lorsque le vendeur de meubles a sur ceux-ci un titre annulable, mais que le titre n'a pas été annulé à l'époque de la vente, l'acheteur acquiert un juste titre sur les meubles, pourvu qu'il les achète de bonne foi et sans avoir connaissance du vice dont se trouve affecté le titre du vendeur.

Art. 24. — § 1er. Lorsque des meubles ont été volés, et que le délinquant est condamné, la propriété des meubles ainsi volés fait retour à la personne qui en était propriétaire, ou à son représentant personnel (*his personal representative*), nonobstant toute transaction intermédiaire ayant porté sur lesdits meubles, soit par vente à plein marché, soit autrement.

§ 2. Nonobstant toute prescription législative contraire, lorsque des meubles ont été acquis par fraude ou par tout autre moyen injuste non qualifié « vol », la propriété de ces meubles

---

(1) Voir *the Factors Act,* 1889; *the Factors (Scotland) Act; the Bills of Lading Act* (18 et 19 Vict. c. 111); *the Bankruptcy Act,* 1883. art. 44; *the Bills of Sale Act,* 1878; *Indian Contract Act,* 1872. art. 108..

ne fait pas retour à celui qui en était propriétaire pour la seule raison que le délinquant a été condamné.

§ 3. Les dispositions du présent article ne sont pas applicables à l'Ecosse.

Art. 25. — § 1er. [Cas d'un vendeur qui, resté en possession des meubles vendus ou des documents y relatifs, les délivre ou les transfère à un tiers en exécution d'un contrat de vente, de gage, etc. : si le tiers reçoit les meubles de bonne foi et sans avoir connaissance de la précédente vente, cette délivrance ou ce transfert opèrent comme si ces actes avaient été passés avec l'autorisation expresse du propriétaire des meubles.]

§ 2. [Cas d'un individu qui, ayant acheté ou convenu d'acheter des meubles et obtenu, avec le consentement du vendeur, la mise en possession de ces meubles ou des documents y relatifs, les délivre ou les transfère à un tiers en exécution d'un contrat de vente, de gage, etc.: si ce tiers reçoit les meubles de bonne foi et sans avoir connaissance d'aucune charge ou autre droit sur les meubles au profit du vendeur primitif, cette délivrance ou ce transfert opèrent comme si celui qui a fait la délivrance ou le transfert agissait comme commissionnaire (*mercantile agent*) possesseur des meubles ou des titres avec le consentement du propriétaire.]

§ 3. [Sens du mot « commissionnaire » dans le présent article : renvoi au *Factors Act*.]

Art. 26. — § 1er. [L'exercice d'une voie d'exécution en vertu d'un écrit de *fieri facias* ou de tout autre titre exécutoire sur les meubles a pour effet de lier la propriété des meubles sur la tête du débiteur exécuté dès le moment où l'écrit est remis au *sheriff* pour être exécuté ; ce moment doit être constaté par le *sheriff* au dos de l'acte. Un tel écrit ne saurait porter aucun préjudice aux droits de l'acquéreur de bonne foi, sauf si ce dernier a eu connaissance de l'existence d'un écrit de ce genre demeuré inexécuté entre les mains du *sheriff*.]

§ 2. [*Sheriff* désigne dans cet article tout officier public chargé de l'exécution d'un titre exécutoire.]

§ 3. Les dispositions du présent article ne sont pas applicables à l'Ecosse.

TROISIÈME PARTIE.

DE L'EXÉCUTION DU CONTRAT.

Art. 27. — Le vendeur est tenu de délivrer les meubles, l'acheteur de les accepter et d'en payer le prix, conformément aux stipulations du contrat de vente.

Art. 28. — Sauf convention contraire, la délivrance des meubles et le paiement du prix sont des conditions « concomitantes », c'est-à-dire que le vendeur doit être prêt et consentant à investir l'acheteur de la possession des meubles en échange du prix, et que l'acheteur doit être prêt et consentant à payer le prix en échange de la possession des meubles.

Art. 29. — § 1er. [Est-ce à l'acheteur de s'emparer de la possession des meubles ou au vendeur de la lui conférer? question d'espèce, tranchée tout d'abord par les termes du contrat. Dans le silence de ce dernier, la délivrance doit s'effectuer à la maison d'affaires du vendeur ou, à défaut, à sa résidence; si les meubles se trouvent en un lieu connu des parties lors du contrat, c'est à ce lieu que la délivrance doit s'effectuer.]

§ 2. Lorsque, en vertu du contrat de vente, le vendeur est tenu d'expédier les meubles à l'acheteur, mais qu'aucun terme n'a été fixé pour cet envoi, le vendeur est tenu de les expédier dans un délai raisonnable.

§ 3. Si les meubles, au moment de la vente, sont en la possession d'un tiers, il ne saurait y avoir délivrance tant que le tiers n'a pas fait connaître à l'acheteur qu'il tient les meubles à sa disposition ; nulle disposition du présent article n'a trait à l'opération d'émission ou de transfert de titres de propriété sur les meubles.

§ 4. [Demandes et offres de délivrance doivent, pour être efficaces, intervenir à époque raisonnable.]

§ 5. [Sauf convention contraire, les frais et dépens occasionnés par la mise des meubles en état livrable sont à la charge du vendeur.]

Art. 30. — § 1er. Si le vendeur délivre à l'acheteur une quantité de marchandises inférieure à celle convenue, l'acheteur peut les refuser ; mais s'il les accepte telles qu'elles ont été délivrées, il doit payer en échange un prix évalué au taux du contrat.

§ 2. Si le vendeur délivre à l'acheteur une quantité supérieure à celle convenue, l'acheteur peut accepter la quantité convenue et refuser le reste, ou peut refuser le tout. Si l'acheteur accepte le tout, il doit payer en échange un prix évalué au taux du contrat.

§ 3. Si le vendeur délivre à l'acheteur, mélangées avec les marchandises qu'il s'était engagé à vendre, des marchandises d'un modèle différent non prévu par le contrat, l'acheteur peut accepter les premières et refuser les autres, ou refuser le tout.

§ 4. Les dispositions du présent article s'effaceront devant tout usage commercial, toute convention spéciale, ou toutes relations habitúelles d'affaires entre les parties.

Art. 31. — § 1ᵉʳ. Sauf convention contraire, l'acheteur de meubles n'est point tenu d'en accepter la délivrance par fractions séparées.

§ 2. [Lorsque, en vertu du contrat, la délivrance doit s'opérer par fractions séparées, le défaut dans la livraison d'une ou plusieurs fractions de la part du vendeur, la négligencè dans la prise de livraison ou le refus d'y procéder de la part de l'acheteur portant sur une ou plusieurs fractions, constituent-ils violation de tout le contrat en entraînant résiliation, ou seulement un fait d'inexécution séparé fondant simplement un recours en indemnité, le contrat étant maintenu ? simple question d'espèce dépendant des termes du contrat et des circonstances.]

Art. 32. — § 1ᵉʳ. Lorsque, en exécution du contrat de vente, le vendeur est autorisé ou obligé à expédier les meubles à l'acheteur, la délivrance des meubles à un voiturier, désigné ou non par l'acheteur, dans le but de les faire parvenir à l'acheteur, est réputée *prima facie* opérer délivrance à l'acheteur.

§ 2. Sauf autorisation différente de la part de l'acheteur, le vendeur est tenu de passer avec le voiturier, au nom de l'acheteur, tel contrat qui pourra sembler raisonnable, eu égard à la nature des meubles et à toutes autres circonstances de l'espèce. Si le vendeur néglige d'agir ainsi, et si les meubles sont perdus ou endommagés en cours de route, l'acheteur peut se refuser à considérer la délivrance faite au voiturier comme délivrance faite à lui-même, ou peut tenir le vendeur pour responsable des dommages et l'actionner en indemnité.

§ 3. Sauf convention contraire, lorsque des meubles sont expédiés par le vendeur à l'acheteur et que dans le trajet se trouve compris un transport maritime, dans des circonstances où il est d'usage de contracter assurance, le vendeur est tenu de porter ce fait à la connaissance de l'acheteur, de telle sorte que ce dernier puisse assurer les marchandises durant leur transport maritime, et, si le vendeur manque à cette obligation, les meubles sont présumés voyager à ses propres risques pendant la durée du transport par mer.

Art. 33. — Lorsque le vendeur de meubles convient de les délivrer, à ses propres risques, en un lieu différent de celui où ils se trouvaient lors de la vente, l'acheteur est néanmoins tenu, sauf convention contraire, de prendre à sa charge les risques de détérioration qui seraient la suite nécessaire du transport.

Art. 34. — § 1ᵉʳ. Lorsque les meubles sont délivrés à l'acheteur, sans que ce dernier les ait préalablement examinés, il n'est pas tenu de les accepter tant qu'il n'a pas eu le loisir de les examiner raisonnablement afin de vérifier s'ils sont conformes à ce qui a été convenu.

§ 2. Sauf convention contraire, lorsque le vendeur offre à l'acheteur la délivrance des meubles, il est tenu, sur la demande de l'acheteur, de lui laisser le loisir d'examiner raisonnablement lesdits meubles afin de vérifier s'ils sont conformes à ce qui a été convenu.

Art. 35. — L'acheteur est présumé avoir accepté les meubles lorsqu'il annonce au vendeur qu'il les a acceptés, ou lorsque les meubles lui ont été délivrés et qu'il se livre sur eux à toute opération en contradiction avec le droit de propriété du vendeur, ou lorsque après l'expiration d'un délai raisonnable il garde les meubles sans annoncer au vendeur qu'il refuse de les accepter.

Art. 36. — [L'acheteur n'est pas tenu de retourner les meubles refusés lorsqu'il a signifié ce refus au vendeur.]

Art. 37. — Lorsque le vendeur est prêt et consentant à la délivrance, qu'il requiert l'acheteur de prendre livraison, et que l'acheteur ne le fait pas dans un délai raisonnable après cette requête, ce dernier est responsable envers le vendeur de toute perte occasionnée par sa négligence ou son refus de prendre livraison, et de même tenu, dans une proportion raisonnable, de supporter une partie des frais occasionnés par les soins et la garde. Les dispositions du présent article sont sans effet sur les droits du vendeur, lorsque la négligence ou le refus de l'acheteur de prendre livraison équivaut à une résiliation du contrat.

QUATRIÈME PARTIE.

DES DROITS DU VENDEUR NON PAYÉ SUR LES MEUBLES.

Art. 38. — § 1ᵉʳ. [Définition légale du vendeur non payé. Est réputé non payé : *a*) le vendeur auquel n'a pas été payée ou offerte la totalité du prix ; *b*) celui auquel il a été remis en paiement une lettre de change ou tout autre effet négociable, lorsqu'il n'a pas été fait honneur à la traite.]

§ 2. [Dans cette partie de la loi, le terme « vendeur » comprend toute personne qui se trouve dans la situation d'un vendeur, comme, par exemple, un agent du vendeur auquel le connaissement a été endossé, etc.]

Art. 39. — § 1ᵉʳ. Nonobstant tout transfert à l'acheteur de la propriété des meubles, le vendeur de meubles non payé se trouve, comme tel, légalement investi :

a) D'un droit de gage ((ou de rétention)) sur les meubles pour assurer le payement du prix, aussi longtemps qu'il demeure en possession de ces meubles ;

b) Au cas d'insolvabilité de l'acheteur, du droit d'arrêter les meubles *in transitu* après qu'il s'est dessaisi de la possession desdits meubles;

c) D'un certain droit de revente délimité par le présent *Act.*

§ 2. Lorsque la propriété des meubles n'a pas été transférée à l'acheteur, le vendeur non payé est investi, en outre des autres recours dont il dispose, du droit de refuser la délivrance, droit de même nature et étendue que les droits de gage et d'arrêt *in transitu* au cas où la propriété a été transférée à l'acheteur.

Art. 40. — [En Ecosse, un vendeur de meubles a le droit de faire opposition sur les meubles entre ses propres mains, et cette opposition a le même effet qu'une opposition émanant d'un tiers.]

Du droit de gage du vendeur non payé.

Art. 41. — § 1ᵉʳ. Le vendeur de meubles non payé encore en possession des meubles est bien fondé à en retenir la possession jusqu'à parfait payement ou offre du prix dans les cas suivants, savoir :

a) Lorsque les meubles ont été vendus sans aucune stipulation de crédit;

b) Lorsque les meubles ont été vendus à crédit, et que le terme du crédit est expiré ;

c) Lorsque l'acheteur devient insolvable.

§ 2. Le vendeur peut exercer son droit de gage alors même qu'il possèderait les meubles à titre de représentant ou de dépositaire ((ou gardien)) pour le compte du vendeur.

Art. 42. — Lorsqu'un vendeur non payé a fait délivrance partielle des meubles, il peut exercer son droit de gage ((ou de rétention)) sur le restant, excepté si la délivrance partielle a été effectuée dans des circonstances manifestant une renonciation contractuelle au droit de gage ((ou au droit de rétention)).

Art. 43. — § 1ᵉʳ. Le vendeur de meubles non payé perd son droit de gage ((ou de rétention)) :

a) Par la délivrance des meubles à un voiturier ou à tout autre dépositaire ((ou gardien)), à l'effet de les transmettre à l'acheteur, sans réserve du droit de disposer desdits meubles ;

b) Par l'abandon de la possession à l'acheteur ou à son représentant ;

c) Par renonciation volontaire.

§ 2. Le vendeur de meubles non payé investi d'un droit de gage ((ou de rétention)), ne saurait perdre ce droit par la raison seule qu'il a obtenu jugement ((ou décret)) pour le paiement du prix.

De l'arrêt in transitu (*stoppage* in transitu).

Art. 44. — Lorsque l'acheteur de meubles devient insolvable, le vendeur non payé qui s'est départi de la possession desdits meubles a le droit de les arrêter *in transitu*, c'est-à-dire qu'il peut reprendre la possession des meubles aussi longtemps qu'ils sont en cours de transit, et peut les retenir jusqu'à parfait paiement ou offre du prix.

Art. 45. — § 1er. Les meubles sont réputés en cours de transit dès l'instant où ils ont été délivrés à un voiturier par terre ou par eau, ou à tout autre dépositaire ((ou gardien)) pour être expédier à l'acheteur, jusqu'au moment ou l'acheteur ou son représentant à cet effet en prend livraison des mains de ce voiturier, dépositaire, etc.

§ 2. Si l'acheteur ou son représentant à cet effet obtient délivrance des meubles avant leur arrivée à la destination indiquée, le transit prend fin.

§ 3. Si, après l'arrivée des meubles à la destination indiquée, le voiturier ou tout autre dépositaire ((ou gardien)) fait savoir à l'acheteur, où à son représentant, qu'il détient les meubles en son nom, et continue à demeurer en possession desdits meubles à titre de dépositaire ((ou gardien)) au compte de l'acheteur ou de son représentant, le transit prend fin, alors même qu'une destination plus éloignée aurait été indiquée par l'acheteur.

§ 4. Si les meubles sont refusés par l'acheteur, et si le voiturier ou tout autre dépositaire ((ou gardien)) continue à demeurer en possession desdits meubles, le transit n'est pas réputé avoir pris fin, même si le vendeur a refusé de les reprendre.

§ 5. Lorsque les meubles sont délivrés à un navire affrété par l'acheteur, la question de savoir si le capitaine détient ces meubles à titre de voiturier ou de représentant de l'acheteur dépend des circonstances de chaque espèce.

§ 6. Lorsque le voiturier ou tout autre dépositaire ((ou gardien)) se refuse injustement à délivrer les meubles à l'acheteur, ou à son représentant à cet effet, le transit est réputé avoir pris fin.

§ 7. Lorsqu'une délivrance partielle des meubles a été faite à l'acheteur ou à son représentant à cet effet, le restant des meubles peut être arrêté *in transitu*, sauf si cette délivrance partielle a été effectuée dans des conditions telles qu'elles manifestent un abandon contractuel de la possession de la totalité des meubles.

Art. 46. — § 1ᵉʳ. Le vendeur non payé peut exercer son droit d'arrêt *in transitu*, soit en prenant actuellement possession des meubles, soit en notifiant sa réclamation au voiturier ou à tout autre dépositaire ((ou gardien)) en possession desdits meubles. Cette notification peut être adressée, soit à la personne actuellement en possession des meubles, soit à son mandant. Dans ce dernier cas, la notification doit, pour être efficace, intervenir à telle époque et dans des circonstances telles que le mandant puisse raisonnablement le faire savoir à son préposé ou à son représentant assez à temps pour prévenir toute délivrance à l'acheteur.

§ 2. Lorsque notification de l'arrêt *in transitu* est donnée par le vendeur au voiturier, ou à tout autre dépositaire ((ou gardien)) en possession des meubles, ce dernier doit restituer les meubles au vendeur ou se conformer à ce sujet à ses instructions. Les frais causés par cette restitution sont à la charge du vendeur.

De la revente par l'acheteur ou le vendeur.

Art. 47. — Nulle vente, nul acte de disposition portant sur les meubles et émanant de l'acheteur ne saurait préjudicier au droit de gage ((de rétention)) ou d'arrêt *in transitu* du vendeur, sauf l'assentiment de ce dernier.

Lorsqu'un document portant sur des meubles (*document of title to goods*) (1) a été légitimement tranféré à un individu quelconque comme un acheteur ou un propriétaire des meubles, et que cette personne transfère le titre à un autre individu qui le reçoit de bonne foi et avec juste cause, si ce dernier transfert s'est effectué par voie de vente, le droit de gage ((ou de rétention)) ou d'arrêt *in transitu* ne peut plus être exercé que sous réserve des droits acquis au cessionnaire.

Art. 48. — § 1ᵉʳ. Un contrat de vente n'est pas rescindé par le simple exercice par un vendeur non payé de son droit de gage ((ou de rétention)) ou d'arrêt *in transitu*.

(1) V. la définition légale de cette expression dans le *Factors Act*. 1889, art. 1, al. 4.

§ 2. Lorsqu'un vendeur non payé qui a exercé son droit de gage ((ou de rétention)) ou d'arrêt *in transitu* revend les meubles, l'acheteur acquiert un juste titre sur les meubles à l'encontre de l'acquéreur primitif.

§ 3. Lorsque les meubles sont périssables par leur nature, ou lorsque le vendeur non payé notifie à l'acheteur son intention de revendre, et que l'acheteur ne paie point ou n'offre point de payer dans un délai raisonnable, le vendeur non payé peut revendre les meubles, et obtenir de l'acheteur primitif une indemnité pour la perte occasionnée par cette violation du contrat.

§ 4. Lorsque le vendeur se réserve expressément le droit de revendre au cas de défaut éventuel de l'acheteur et que, l'acheteur venant à faire défaut, le vendeur revend les meubles, le contrat de vente originaire est par là rescindé, sans préjudice de l'action en indemnité du vendeur.

CINQUIÈME PARTIE.

DES ACTIONS POUR VIOLATION DU CONTRAT.

Des recours du vendeur.

Art. 49. — § 1er. Lorsque, en vertu d'un contrat de vente, la propriété des meubles a été transférée à l'acheteur, et que l'acheteur néglige ou refuse à tort de payer le prix conformément à la stipulation, le vendeur peut intenter contre lui une action en paiement du prix :

§ 2. Lorsque, dans un contrat de vente, le prix est stipulé payable à date fixe, indépendamment de toute délivrance, et que l'acheteur néglige ou refuse à tort de payer le prix, le vendeur peut intenter une action en paiement du prix, alors même que la propriété n'aurait pas été transférée à l'acheteur et que les meubles n'auraient pas été conformes aux termes de la convention. Les dispositions du présent article ne sauraient préjudicier au droit pour le vendeur, en Écosse, de se faire adjuger les intérêts du prix à compter du jour de l'offre des meubles, ou de la date à laquelle le prix était payable, suivant le cas.

Art. 50. — § 1er. Lorsque l'acheteur néglige ou refuse à tort d'accepter les meubles et d'en payer le prix, le vendeur peut intenter contre lui une action en dommages-intérêts pour non-acceptation.

§ 2. Les dommages-intérêts se mesurent à l'importance de la perte résultant directement et naturellement, d'après le cours ordinaire des événements, de la violation du contrat par l'acheteur.

§ 3. Lorsqu'il se trouve un marché disponible pour la vente des meubles en question, la mesure des dommages doit être *prima facie* déterminée par la différence entre le prix fixé au contrat et la valeur marchande ou le cours auquel les meubles se cotent à l'époque ou aux époques où ils auraient dû être acceptés, ou, si aucun délai n'a été fixé pour l'acceptation, à l'époque du refus d'acceptation.

Des recours de l'acheteur.

Art. 51. — § 1er. Lorsque le vendeur néglige ou refuse à tort de délivrer les meubles à l'acheteur, ce dernier peut intenter contre le vendeur une action en dommages-intérêts pour non-délivrance.

§ 2. Les dommages-intérêts se mesurent à l'importance de la perte résultant directement et naturellement, d'après le cours ordinaire des événements, de la violation du contrat par le vendeur.

§ 3. Lorsqu'il se trouve un marché disponible pour la vente des meubles en question, la mesure des dommages doit être *prima facie* déterminée par la différence entre le prix fixé au contrat et la valeur marchande ou le cours auquel se cotent les meubles à l'époque où la délivrance aurait dû avoir lieu, ou, à défaut de terme préfixé, à l'époque du refus de délivrance.

Art. 52. — Dans toute action pour violation du contrat pour cause de non-délivrance de meubles spécifiés ou déterminés, la Cour peut, si elle le juge convenable, par jugement ((ou décret)) rendu sur requête du demandeur, ordonner l'exécution intégrale du contrat, sans autoriser le défendeur à choisir de retenir les meubles contre paiement de dommages. Le jugement ((ou décret)) peut être non-conditionnel, ou formuler tels termes et conditions relativement aux dommages, au paiement du prix, etc., qu'il peut sembler équitable à la Cour, et la requête du demandeur peut intervenir en tout état de cause avant le jugement ((ou décret.))

Les dispositions du présent article seront tenues pour complémentaires, et non pour dérogatoires, au droit de perfection spécifique (*spécific implement*) en Écosse.

Art. 53. — § 1er. Lorsqu'il y a violation de garantie de la part du vendeur, ou bien lorsque l'acheteur prend le parti ou se trouve obligé de traiter la violation d'une condition de la part du vendeur comme une violation de garantie, l'acheteur n'est pas, pour la seule raison de cette violation de garantie, bien fondé à refuser les meubles ; toutefois, il peut :

a) Invoquer à l'encontre du vendeur cette violation de garantie en compensation de fraction ou de totalité de sa dette du prix ;

b) Intenter à l'encontre du vendeur une action en dommages-intérêts pour violation de garantie.

§ 2. [Les dommages-intérêts s'estiment suivant une règle analogue à celle posée par les articles 50 et 51, §§ 2, *suprà*.]

§ 3. Au cas de violation de garantie portant sur la qualité, le préjudice, *prima facie*, se mesure à la différence entre la valeur des meubles au temps de la délivrance à l'acheteur et la valeur qu'ils auraient eue s'ils avaient répondu à ce qui était garanti.

§ 4. L'imputation en compensation prévue au § 1, *a*) du présent article n'empêche pas le vendeur d'intenter une action en dommages pour la même cause, s'il a souffert d'un dommage ultérieur. .

§ 5. Les dispositions du présent article ne portent aucun préjudice au droit de rejet (*right of rejection*) en Écosse.

Art. 54. — Aucune disposition du présent article ne saurait affecter le droit pour l'acheteur ou le vendeur d'obtenir des intérêts ou des indemnités spéciales dans tous les cas où il leur en est attribué de par la volonté de la loi, ou de recouvrer des sommes versées sans cause.

SIXIÈME PARTIE.

SUPPLÉMENT.

[Dispositions accessoires relatives : 1°) à l'interprétation du présent *Act* sur différents points (art. 55 à 57) ; 2°) à la vente aux enchères (art. 58) ; 3°) au paiement à la barre dans les Cours d'Écosse au cas de violation de garantie (art. 59) ; 4°) aux lois abrogées par le présent *Act*. et à la non-rétroactivité des dispositions y contenues dans cet *Act* (art. 60) ; 5°) aux règles du droit coutumier, et notamment du droit commercial, maintenues dans tout ce qu'elles n'ont pas de contraire aux dispositions du présent *Act* (art. 61).]

Art. 62. — [Définitions légales des principaux termes contenus dans le présent *Act*, disposées par ordre alphabétique.]

Art. 63. — Le présent *Act* entrera en vigueur le 1ᵉʳ janvier 1894.

Art. 64. — Le présent *Act* sera désigné comme suit : *Sale of Goods Act*, 1893.

Annexe (*Schedule*).

[Liste des *Acts* abrogés par le présent : 1 Jac. I c. 21, contre les brocanteurs (*l'Act* entier); 29 Cha. II c. 3, sur la prévention des fraudes et faux témoignages (en partie, art. 15 et 16); 9 Geo. IV c. 14, sur la nécessité d'un memorandum écrit pour la validité de certaines promesses et de certains engagements (en partie, art. 7); 19 et 20 Vic. c. 60 l'*Act* amendant la loi marchande (*Mercantile Law amendment (Scotland) Act*, 1856) (en partie, art. 1, 2, 3, 4 et 5); 19 et 20 Vict. c. 97, l'*Act* amendant la loi marchande (*Mercantile Law amendment Act*, 1856) (en partie, art. 1 et 2).]

PARIS. — IMP. DE LA SOC. ANON. DE PUBL. PÉRIOD. — P. MOUILLOT. — 73086.